Feste

aus aller Welt entdecken

Text: JANE BINGHAM

Illustrationen: MARIONA CABASSA

Gestaltung: FRANKIE ALLEN

Fachliche Beratung: Amy Chiu, Gade Gray,
Stella Satapon Gray, Sahrish Nadim, John Partington,
Yoshiho Pryer, Sreya Rao und Daniel Susskind

INHALT

Rund um die Welt werden viele verschiedene Feste gefeiert. In diesem Buch erfährst du mehr über sie. Mit manchen Festen begeht man einen wichtigen religiösen Feiertag. Mit anderen begrüßen die Menschen eine neue Jahreszeit oder erinnern an eine bestimmte Person. Und dann gibt es noch Feste, die einfach dazu da sind, Spaß zu haben und fröhlich zu sein.

WUUSCH!

Bei diesen fröhlichen Festen fliegt einiges durch die Luft.

PATSCH!

Beim spanischen Fest **Tomatina** bewerfen sich die Menschen mit weichen, überreifen Tomaten.

Wir tragen Taucherbrillen, um unsere Augen zu schützen.

An **Holi**, dem indischen Frühlingsfest, geht es sehr farbenfroh zu.

Das Holi-Fest wird auch als Fest der Farben bezeichnet.

Wir werfen mit Pulver in verschiedenen Farben und versprühen Wasser.

Nach dem Fest werden die Straßen mit Wasser abgespritzt.

Am **Gummistiefeltag** fliegen in Neuseeland die Gummistiefel durch die Luft.

BUUH!

Manchmal kann es Spaß machen, sich ein bisschen zu fürchten. Bist du bereit für diese gruseligen Feste?

Die Kelten glaubten früher, dass die Seelen der Verstorbenen an **Halloween** auf die Erde zurückkehren und Unruhe stiften, wenn sie nicht mit kleinen Gaben besänftigt werden.

Dieser ausgehöhlte Kürbis heißt Jack O'Lantern.

In Mexiko verkleiden sich die Menschen am **Tag der Toten**.

Straßen und Häuser sind mit kunstvollen Papierwimpeln geschmückt.

Das Festival **FESTIMA** feiert die traditionellen Tanzmasken Westafrikas.

Die Tanzenden tragen furchteinflößende Masken.

Beim **Karneval in Venedig** werden seit dem Mittelalter Masken getragen.

Manche von ihnen sehen ziemlich unheimlich aus.

Es gibt Altäre für die Toten mit Blumen, Bildern, Lieblingsspeisen und anderen Dingen.

Die Menschen gedenken auch ihrer Haustiere.

PLATSCH!

Hier wird so gefeiert, dass niemand trocken oder sauber bleibt.

In Thailand begrüßen die Menschen das neue Jahr mit **Songkran**, dem „Wasserfest“.

Auch das Reinigen von Buddha-Statuen gehört zu Songkran.

Beim **Whitewater Festival auf dem Sambesi** in Sambia sausen Rafting-Teams durch die Stromschnellen.

Beim **Schlammfestival in Boryeong** (Südkorea) rutschen alle im Matsch herum.

FLATTER!

Diese Feste verwandeln den Himmel in ein buntes Formen- und Farbenmeer.

An **Uttarayan** steigen in Indien die Drachen. Der Tag steht für den Übergang vom Winter zum Sommer.

Beim japanischen **Drachenfest von Hamamatsu** treten riesige Drachen gegeneinander an.

Die Drachen sind viereckig und mit verschiedenen Motiven sowie Schriftzeichen verziert.

Am Kindertag **Kodomo no Hi** werden in Japan alle Kinder geehrt.

Die Windsäcke stellen Karpfen dar. Sie stehen für die Mitglieder der Familie.

Heißluftballon-Festivals wie in Albuquerque (USA) gibt es in vielen Ländern.

Manche Ballons haben außergewöhnliche Formen.

Mit **Hanami**, dem Kirschblütenfest, feiern die Menschen in Japan die Schönheit der Kirschblüte.

FLACKER!

Bei all diesen Festen leuchten Kerzen als Zeichen der Hoffnung.

Diwali ist ein mehrtägiges Lichterfest.

Diwali wird im Hinduismus, Sikhismus und Jainismus gefeiert.

Im jüdischen Glauben werden zu **Chanukka** Kerzen angezündet. Der achtarmige Leuchter heißt Chanukkia.

Chanukka dauert acht Tage.

Jeden Abend kommt eine weitere Kerze dazu.

Beim **Luciafest** in Schweden und anderen skandinavischen Ländern tragen die Kinder weiße Gewänder und halten Kerzen oder Sternenstäbe in der Hand.

Früher trugen die Kinder echte Kerzen, heute sind es meist elektrische.

In Thailand steigen beim Laternenfest **Yi Peng** Tausende Laternen aus Bambus und Papier in den Himmel auf.

Alles Vergangene schwebt mit den Laternen davon.

An **Loi Krathong**, einem weiteren thailändischen Fest, lassen die Menschen Laternen auf Kanälen, Flüssen und Seen schwimmen.

Die kleinen Flöße mit den Kerzen sind aus den Strünken und Blättern der Bananenstaude gemacht. Geschmückt werden sie mit Blumen und Räucherstäbchen.

KNISTER!

Feuer und Feuerwerke bringen den Himmel zum Leuchten bei diesen Festen.

Die **Verbrennung von Zozobra** in Santa Fe (USA) symbolisiert das Ende des Sommers.

Zozobra ist eine etwa 15 Meter hohe Holzfigur.

Wir schreiben unsere Sorgen auf ein Stück Papier und stecken es in eine besondere Kiste.

Diese „Sorgenkiste" wird mit Zozobra verbrannt.

In Großbritannien werden in der **Guy Fawkes Night** (oder **Bonfire Night**) Feuerwerke gezündet.

Manchmal geht auch eine Guy-Fawkes-Puppe in Flammen auf. Guy Fawkes hatte 1605 versucht, das britische Parlament zu sprengen.

Der Legende nach versammeln sich die Hexen in der **Walpurgisnacht** zu einem Fest.

Mit Feuern und Lärm sollen die Hexen vertrieben werden.

HUU!

Einmal im Jahr wird an den Hängen des Bergs **Wakakusa** in Japan das Gras angezündet.

Ein riesiges Publikum bestaunt den lodernden Berg.

KNALL!

Fast überall auf der Welt begrüßen die Menschen in der **Silvesternacht** das neue Jahr mit spektakulären Feuerwerken.

10 9 8 7 6 5 4 3 2 1 … Frohes neues Jahr!

Mit dem Fest **Up Helly Aa** wird die Wikinger-Vergangenheit der Shetlandinseln gefeiert.

Zum Abschluss des Festes wird ein nachgebautes Langschiff in Brand gesetzt.

GLITZER!

Wenn Eis und Schnee glitzern, umgibt ein winterlicher Zauber diese Feste.

Der **Karneval von Québec** in Kanada ist ein riesengroßer Winterkarneval.

Zum Karneval gehören Paraden mit geschmückten Festwagen, Eislaufwettbewerbe und ein Kanurennen auf dem Fluss.

An **Weihnachten** feiern Christinnen und Christen die Geburt von Jesus Christus.

Die Kinder bekommen Geschenke vom Weihnachtsmann oder vom Christkind.

Das **Internationale Eis- und Schneefestival in Harbin** (China) ist das weltweit größte seiner Art.

Hier gibt es riesige Skulpturen und Bauten aus Eis zu sehen.

TANZ, TANZ!

Auf der ganzen Welt feiern die Menschen Feste mit Musik und Tanz.

Beim **Rumi-Fest** in der Türkei drehen sich wirbelnde Derwische pausenlos um ihre eigene Achse.

Die Bewegungen versetzen die Tänzer in eine Art Trance.

Riesige Menschenmengen tanzen und singen zur Musik, die auf **Musikfestivals** gespielt wird.

Auf **WOMAD-Festivals** werden Musik, Kunst und Tanz aus verschiedenen Kulturen gefeiert. Sie finden in zahlreichen Ländern statt.

Mit dem Tanz in den Mai und dem **Maifest** wird der Frühling begrüßt.

In vielen Gegenden wird ein Maibaum aufgestellt.

Einmal im Jahr treffen sich die indigenen Völker Nordamerikas in Albuquerque (USA) zum **Gathering of Nations**.

Beim **Barunga-Festival** zeigen australische Ureinwohner ihre traditionellen Tänze.

Zu **Vaisakhi**, dem Erntedankfest der Sikhs, tanzen die Menschen Bhangra-Volkstänze.

Die Sikhs erinnern mit Vaisakhi auch an die Gründung ihrer Religion.

Der Löwentanz ist Teil der Feierlichkeiten zum **chinesischen Neujahrsfest**.

In diesem Löwenkostüm stecken zwei Personen.

Oftmals tanzen die Löwen auf hohen Stangen.

LECKER!

Wenn Menschen zusammen feiern, lassen sie sich gern besondere Gerichte und traditionelle Speisen schmecken.

Mit dem Fest **Eid al-Fitr** oder „Zuckerfest" wird das Ende des islamischen Fastenmonats Ramadan gefeiert.

Muslimische Familien treffen sich zu einem Festmahl.

In manchen Familien gibt es Ma'amoul, ein Grießgebäck mit einer Füllung aus Feigen, Datteln und Nüssen.

An **Ostern** feiern Christen und Christinnen auf der ganzen Welt mit verschiedenen Bräuchen die Auferstehung von Jesus Christus.

Die Kinder suchen am Ostersonntag zum Beispiel bunt bemalte Eier.

Im thailändischen Lop Buri wird beim **Monkey Buffet Festival** ein Festmahl für die Affen serviert.

In Mexiko gibt es am **Tag der Toten** Kekse in Totenschädelform.

Zu **Thanksgiving** gibt es bei Familienfesten in den USA und Kanada Truthahn …

… und Kürbiskuchen.

Damit wird an die ersten Siedler in Nordamerika und an ihre erste Ernte in der neuen Heimat erinnert.

Rosch ha-Schana ist der jüdische Neujahrstag.

Der Fisch beim Neujahrsmahl soll Glück bringen.

In Honig getunkte Apfelscheiben symbolisieren ein glückliches neues Jahr.

In Großbritannien gibt es an **Weihnachten** den traditionellen Christmas Pudding und süße Gebäckstücke namens Mince Pie sowie Lebkuchen.

Manchmal wird eine Münze im Pudding versteckt.

Die Affen, die in und um die Ruinen des Tempels leben, werden mit vielen Köstlichkeiten bewirtet.

SCHNELLER!

Diese Feste bringen deinen Puls auf Trab – egal ob du mitmachst oder nur zuschaust.

Am **Pancake Day** oder Faschingsdienstag finden in manchen englischen Ortschaften Pfannkuchenrennen statt.

Der **Palio di Siena**, ein Pferderennen in der italienischen Stadt Siena, wird zweimal im Jahr ausgetragen.

Zehn Pferde mit Reitern ohne Sattel treten für zehn Stadtteile an.

Das Drachenbootrennen ist der Höhepunkt des chinesischen **Drachenbootfestes**.

In North Carolina in den USA lässt man beim **Woolly Worm Festival** behaarte Raupen an Bindfäden um die Wette klettern. Das Tier, das zuerst oben ankommt, hat gewonnen.

Der Trommler gibt den Takt zum Rudern vor.

PARADE!

Ob alt oder jung – an einem großen Umzug nehmen alle gern teil.

Die Parade der Riesen gehört zu den Höhepunkten des spanischen Festes **La Mercè**.

Die Menschen in Irland feiern den **Saint Patrick's Day** mit großen Umzügen.

Der **Almabtrieb** oder **Alpabzug** im Alpenraum ist ein „Umzug" von Kühen.

Am Ende des Sommers werden die Kühe von den Bergweiden ins Tal geführt, wo sie den Winter verbringen.

Beim **chinesischen Neujahrsfest** führt ein riesiger Drache den Umzug an.

Der Drache wird mit langen Stöcken bewegt, damit er sich dreht und windet.

In vielen Städten gibt es Umzüge zu **Fasching**, **Karneval** oder **Mardi Gras**.

SUCHE UND FINDE!

Kennst du dich aus in der wundervollen Welt der Feste? Finde die Antworten auf die folgenden Fragen!

1. Wo kannst du solche schönen Laternen sehen?

2. Welches Fest feiern diese beiden Spukgestalten?

3. Zu welchem religiösen Fest werden diese Speisen gegessen?

4. An welchem feurigen Fest nehmen die beiden teil?

5. Weißt du auch, wie wir diese Kiste nennen?

6. Was feiert dieser tanzende Löwe?

7. Auf welcher Seite im Buch ist dieser Heißluftballon unterwegs?

8. Wie viele Heißluftballons entdeckst du insgesamt auf der Seite?

9. Was stellen diese Fische dar?

10. Kennst du den Namen dieses farbenfrohen Festivals?

11. An welcher Veranstaltung nimmt diese Mannschaft teil?

Die Antworten findest du auf Seite 30.

Mehr über die Feste

Auf den folgenden Seiten erfährst du noch mehr über die Feste, die in diesem Buch vorkommen.

WUUSCH! Seite 4–5

Tomatina

Wann? Letzter Mittwoch im August
Wo? Buñol, Spanien
Was? Die Leute bewerfen einander mit überreifen Tomaten.
Warum? Die erste Tomatenschlacht fand vermutlich im Jahr 1945 statt und wurde zu einem jährlichen Brauch.

Holi

Wann? Zwei Tage im Februar oder März
Wo? Indien und andere Länder
Was? Eine Holz- oder Strohpuppe (die Dämonin Holika) wird verbrannt. Die Hindus bewerfen und besprühen sich gegenseitig mit Wasser und Farbpulver.
Warum? Um den beginnenden Frühling zu feiern.

Gummistiefeltag *(Gumboot Day)*

Wann? März oder April
Wo? Taihape, Neuseeland
Was? Gummistiefel-Weitwurf, Sackhüpfen, Eierlauf …
Warum? Um Gummistiefel, einen wichtigen Alltagsgegenstand in Taihape, zu ehren und zu feiern.

BUUH! Seite 6–7

Halloween

Wann? Am Abend des 31. Oktober
Wo? Viele Länder, besonders USA; ursprünglich Irland
Was? Die Feiernden ziehen gruselig verkleidet durch die Straßen und fragen „Trick or treat (Süßes oder Saures)?"
Warum? Früher glaubte man, dass die Seelen der Toten in dieser Nacht zurückkehren und mit kleinen Gaben von Untaten abgehalten werden müssen.

FESTIMA

Wann? Februar oder März, alle zwei Jahre
Wo? Dédougou, Burkina Faso
Was? Traditionelle Tänze. Die Tanzenden tragen große, meisterhaft gefertigte Masken und kunstvolle Kostüme.
Warum? Um die Masken, die Handwerkskunst und die Tradition wertzuschätzen.

Tag der Toten *(Día de los Muertos)*

Wann? 1. und 2. November
Wo? Mittelamerika, besonders Mexiko
Was? Als Skelette verkleidete Menschen ziehen durch die Straßen und gedenken ihrer Verstorbenen.
Warum? Früher glaubte man, dass die Toten in der Nacht vom 1. auf den 2. November (Allerseelen) die Welt der Lebenden besuchen.

Karneval in Venedig *(Carnevale di Venezia)*

Wann? Februar oder März
Wo? Venedig, Italien
Was? Prozessionen, Kostümbälle, Wahl der besten Masken … Die kunstvollen Masken sind weltberühmt.
Warum? Ursprünglich zur Feier des Sieges über Aquileia im Jahr 1162 und als Fest vor Beginn der Fastenzeit.

PLATSCH! Seite 8–9

Songkran

Wann? 13. bis 15. April
Wo? Thailand und weitere Länder in Südostasien
Was? Rituale, Tempelbesuche, Familienzusammenkünfte … Das neue Jahr wird begrüßt, z. B. mit Wasserschlachten als Zeichen der Reinigung und Erneuerung.
Warum? Traditionelles Neujahrsfest in Thailand.

Whitewater Festival auf dem Sambesi

Wann? Oktober
Wo? Livingstone, Sambia
Was? Teams raften durch die Stromschnellen. Die Zuschauerinnen und Zuschauer werden mit Musik und Tanz unterhalten und es gibt etwas zu essen.
Warum? Es ist ein Fest zu Ehren des wilden Sambesi-Flusses unterhalb der Viktoriafälle.

Schlammfestival in Boryeong

Wann? Zwei Wochen im Juli oder August
Wo? Boryeong, Südkorea
Was? Schwimmen, Rutschen, Wrestling und Skifahren im Schlamm. Verkauf von Kosmetikprodukten, in denen der Schlamm von Boryeong verarbeitet ist.
Warum? Um für die Schlammstrände vor Ort zu danken.

FLATTER! Seite 10–11

Uttarayan

Wann? 14. und 15. Januar
Wo? Gujarat, Indien
Was? Hindus lassen Drachen aus Papier und Bambus steigen. Wenn es dunkel wird, zünden sie Kerzen oder Lämpchen darin an.
Warum? Feier des Übergangs vom Winter zum Sommer.

Drachenfest von Hamamatsu

Wann? 3. bis 5. Mai
Wo? Hamamatsu, Japan
Was? „Kampfdrachen"-Wettkämpfe, bei denen es darum geht, mit der eigenen Drachenschnur die Schnur eines anderen Drachen zu kappen.
Warum? Im 16. Jahrhundert ließ man anlässlich der Geburt eines Herrschersohnes einen Drachen steigen.

Albuquerque International Balloon Fiesta

Wann? Erste oder zweite Oktoberwoche, neun Tage
Wo? Albuquerque, New Mexico, USA
Was? Heißluftballon-Festival. Stunts, Massenstarts zum Sonnenaufgang, Weitflug-Wettbewerb, „Spezialform-Rodeo", abendliches Ballonglühen und vieles mehr.
Warum? Aus Spaß und Freude an Heißluftballons.

Kodomo no Hi *(Kindertag)*

Wann? 5. Mai
Wo? Japan
Was? Familien hissen an einer hohen Stange Karpfen-Windsäcke. Jeder Fisch steht für ein Familienmitglied.
Warum? Als Fest für die Kinder. Ihre Persönlichkeit und Freude soll gefeiert werden.

Hanami

Wann? Je nach Gegend Ende März bis Anfang Mai
Wo? Japan und japanische Gemeinschaften
Was? Picknick unter blühenden Kirschbäumen. Hanami bedeutet so viel wie „Kirschblüten betrachten".
Warum? Um die Schönheit der blühenden Bäume und den beginnenden Frühling zu feiern.

FLACKER! Seite 12–13

Diwali

Wann? Bis zu fünf Tage im Oktober oder November
Wo? Indien, Sri Lanka, Nepal und andere Länder
Was? Fest der Lichter mit Festessen, Feuerwerken und flackernden Öllampen (Diyas). Die Rangoli-Muster auf dem Boden sollen unter anderem Glück bringen.
Warum? Zur Feier des Sieges des Guten über das Böse.

Chanukka

Wann? Acht Tage im November oder Dezember
Wo? Jüdische Gemeinden auf der ganzen Welt
Was? Spezielle Speisen, Geschenke, Spiele mit einem Dreidel (Kreisel). Tag für Tag wird eine weitere Kerze an der Chanukkia, dem achtarmigen Leuchter, angezündet.
Warum? Das Fest erinnert daran, wie die Juden über ihre griechischen Herrscher siegten, ihren Tempel zurückeroberten und ihn neu weihten.

Luciafest

Wann? 13. Dezember
Wo? Dänemark, Schweden, Norwegen und Finnland
Was? Umzüge von Kindern in weißen Gewändern. Sie tragen Kerzen oder Sternenstäbe. Hauptfigur ist die „Lucia" mit der Lucia-Krone, einem Kranz mit Kerzen.
Warum? Für die heilige Lucia (Schutzheilige des Lichts).

Yi Peng

Wann? November
Wo? Nordthailand
Was? Die Menschen lassen bei Vollmond Tausende Laternen aus Papier und Bambus in den Himmel steigen.
Warum? Auf den Laternen sind Wünsche notiert. Den Laternen nachzuschauen, soll Glück bringen.

Loi Krathong

Wann? November
Wo? Thailand
Was? An Vollmond werden auf Flüssen und Seen sogenannte Krathongs ausgesetzt. Das sind kleine Flöße in Form einer Lotusblüte, die mit Blumen, Räucherstäbchen und Kerzen geschmückt werden.
Warum? Um der Wassergöttin zu danken.

KNISTER! Seite 14–15

Verbrennung von Zozobra

Wann? Anfang September
Wo? Santa Fe, New Mexico, USA
Was? Eine riesige Holzfigur namens Zozobra (Spanisch für „Besorgnis") wird in einem großen Feuer verbrannt.
Warum? Nöte, Sorgen und Trübsinn des vergangenen Jahres sollen mit dem Feuer verbrennen. Ein neues, besseres Jahr kann kommen.

Wakakusa Yamayaki

Wann? Vierter Samstag im Januar
Wo? Berg Wakakusa, in der Nähe von Nara, Japan
Was? Buddhistische und shintoistische Priester setzen das Gras an den Berghängen in Brand. Yamayaki heißt so viel wie „brennender Berg"; außerdem Feuerwerke.
Warum? Zur Erinnerung an einen Brand im Jahr 1760.

Silvester

Wann? 31. Dezember
Wo? Fast überall auf der Welt
Was? Feuerwerke und Bräuche wie Bleigießen, die Glück bringen sollen. Oft ein gemeinsames Essen mit der Familie und Freunden. Die letzten Sekunden des alten Jahres werden laut abgezählt, bevor sich alle ein frohes neues Jahr wünschen.
Warum? Um das neue Jahr willkommen zu heißen.

Guy Fawkes Night *(Bonfire Night)*

Wann? 5. November
Wo? Großbritannien
Was? Feuerwerke und Fackelumzüge. Manchmal wird symbolisch eine Guy-Fawkes-Puppe verbrannt.
Warum? Zur Erinnerung an den Gunpowder Plot (die Pulververschwörung) im Jahr 1605, als Guy Fawkes und andere das Parlament in die Luft sprengen wollten.

Walpurgisnacht

Wann? In der Nacht vom 30. April auf den 1. Mai
Wo? Deutschland; Nord- und Mitteleuropa
Was? Große Lagerfeuer. Die Feiernden singen und machen viel Krach, um böse Geister zu vertreiben. Manchmal werden Streiche gespielt.
Warum? Um die Heiligsprechung der Walburga zu feiern. Sie gilt etwa als Schutzpatronin gegen Krankheiten.

Up Helly Aa

Wann? Letzter Dienstag im Januar
Wo? Lerwick, Shetlandinseln (Schottland)
Was? Übernahme der Stadt durch „Wikinger". Fackelzug und Inbrandsetzen eines nachgebauten Langschiffs.
Warum? Zur Erinnerung an die Besiedelung der Inseln durch die Wikinger und Feier der Wintersonnenwende.

GLITZER! Seite 16–17

Karneval von Québec

Wann? Januar/Februar
Wo? Québec, Kanada
Was? Das Maskottchen Bonhomme führt Paraden an. Es gibt einen Eisskulpturen-Wettbewerb sowie Snowboard-, Kanu- und Rodelwettbewerbe.
Warum? Um die kalte Jahreszeit zu feiern.

Weihnachten

Wann? 24. und 25./26. Dezember
Wo? Weltweit
Was? Weihnachtsgottesdienste, Festessen. Es werden Weihnachtsbäume geschmückt und Geschenke ausgetauscht. In der serbisch- und der russisch-orthodoxen Kirche wird Weihnachten am 6. und 7. Januar gefeiert.
Warum? An Weihnachten feiern Christinnen und Christen die Geburt von Jesus Christus.

Internationales Eis- und Schneefestival

Wann? Januar bis Februar
Wo? Harbin, Nordchina
Was? Eis- und Schneeskulpturen, darunter maßstabsgetreue Gebäude, die aus dem Eis des Flusses Songhua errichtet werden.
Warum? Um die Schönheit von Schnee und Eis zu feiern.

TANZ, TANZ! Seite 18–19

Rumi-Fest der wirbelnden Derwische

Wann? Zehn Tage im Dezember
Wo? Konya, Türkei
Was? Tänze der wirbelnden Derwische. Die Derwische sind Angehörige eines islamischen Ordens.
Warum? Um Rumi zu ehren, einen persischen Dichter und Mystiker. Er gilt als Gründer des Ordens.

Antworten zu den Fragen SUCHE UND FINDE! auf den Seiten 26 und 27:

1. Diwali (S. 12) 2. Halloween (S. 6) 3. Rosch ha-Schana (S. 21) 4. Verbrennung von Zozobra (S. 14) 5. Sorgenkiste (S. 14) 6. Chinesisches Neujahrsfest (S. 19) 7. S. 11 (Heißluftballon-Festivals) 8. Es sind insgesamt elf Heißluftballons. 9. Jeder Fisch steht für ein Familienmitglied. (S. 11) 10. Holi (S. 4 und 5) 11. Whitewater Festival auf dem Sambesi (S. 8 und 9)

WOMAD-Festivals

Wann? Das ganze Jahr über
Wo? Orte auf der ganzen Welt, z.B. in Australien, Großbritannien, Italien, Spanien und Chile
Was? Festivals mit Musik, Kunst und Tanz.
Warum? Um Künstlerinnen und Künstler aus aller Welt zusammenzubringen und die kulturelle Vielfalt zu feiern.

Maifest

Wann? 1. Mai
Wo? Deutschland und andere europäische Länder
Was? Zu den traditionellen Bräuchen gehören der Tanz in den Mai am Vorabend, der Tanz um den Maibaum und die Krönung einer Maikönigin.
Warum? Um das Frühjahr zu begrüßen.

Gathering of Nations

Wann? Viertes Wochenende im April
Wo? Albuquerque, New Mexico, USA
Was? Zusammentreffen von Angehörigen indigener Völker Nordamerikas (über 700 Völker). Tanz-, Trommel- und Gesangswettbewerbe.
Warum? Um Tradition und Kultur der Völker zu feiern.

Barunga-Festival

Wann? Anfang Juni, drei Tage lang
Wo? Barunga, Northern Territory, Australien
Was? Festival der indigenen Völker Australiens. Tanz, Musik, Kunstausstellungen, Didgeridoo-Wettbewerbe und traditionelles Geschichtenerzählen.
Warum? Um die Kultur der indigenen Völker zu feiern.

Vaisakhi

Wann? 13. oder 14. April
Wo? Indien und Sikh-Gemeinden weltweit
Was? Wichtigster Feiertag im Sikhismus, z.B. mit Jahrmärkten, Prozessionen und Tänzen.
Warum? Die Sikhs feiern damit Erntedank, Neujahr und die Gründung ihrer Religion.

Chinesisches Neujahrsfest

Wann? 15 Tage im Januar und Februar
Wo? China und chinesische Gemeinschaften weltweit
Was? Festessen, Feuerwerke, Paraden. Drachen- und Löwentänze sollen Glück bringen.
Warum? Um das Neujahrsfest nach dem chinesischen Kalender zu feiern.

LECKER! Seite 20–21

Eid al-Fitr *(Fest des Fastenbrechens oder Zuckerfest)*

Wann? Am Ende des Ramadan
Wo? Muslimische Gemeinden auf der ganzen Welt
Was? Festgebet am Morgen, geschmückte Häuser, Geschenke für die Kinder, festliche Mahlzeiten …
Warum? Um das Ende des Fastenmonats Ramadan (des 9. Monats im islamischen Kalender) zu begehen.

Ostern

Wann? März oder April
Wo? Christliche Gemeinden auf der ganzen Welt
Was? Gottesdienste und verschiedene Bräuche, wie z.B. Ostereier bemalen, Ostereier suchen, traditionelles Ostergebäck und Familientreffen.
Warum? Christinnen und Christen feiern an Ostern die Auferstehung von Jesus Christus.

Monkey Buffet Festival *(Büfett für die Affen)*

Wann? Ende November
Wo? Lop Buri, Thailand
Was? Javaneraffen, die in Lop Buri rund um die Ruinen des Tempels leben, werden an diesem Tag mit einem reichhaltigen Büfett bewirtet.
Warum? Die Affen, die zu Tausenden hier leben, locken Touristen nach Lop Buri. Dafür will man ihnen danken.

Rosch ha-Schana

Wann? Zwei Tage im September oder Oktober
Wo? Jüdische Gemeinden auf der ganzen Welt
Was? Man trifft sich zu festlichen Mahlzeiten und besucht Gottesdienste. Das Schofar-Horn, ein langes, gebogenes Widderhorn, wird geblasen (sehr laut!).
Warum? Um den Beginn des neuen Jahres nach dem jüdischen Kalender zu feiern.

Thanksgiving

Wann? Vierter Donnerstag im November (USA) oder zweiter Montag im Oktober (Kanada)
Wo? USA und Kanada
Was? Familien und Freunde kommen zu einem großen Festessen mit traditionellen Gerichten zusammen.
Warum? Zur Erinnerung an ein Fest, das die ersten Siedlerinnen und Siedler in Nordamerika nach der ersten Ernte gefeiert haben.

SCHNELLER! Seite 22–23

Pancake Day *(Pfannkuchentag)*

Wann? Faschingsdienstag im Februar oder März
Wo? Großbritannien
Was? Pfannkuchen-Wettrennen. Während des Laufs müssen die Pfannkuchen in der Pfanne balanciert und in die Luft geworfen werden.
Warum? Weil früher Pfannkuchen gemacht wurden, um verderbliche Zutaten vor der Fastenzeit zu verwerten.

Woolly Worm Festival

Wann? Oktober
Wo? Banner Elk, North Carolina, USA
Was? Pelzige Raupen, die sogenannten Woolly Worms, krabbeln an Bindfäden nach oben. Am Körpermuster der Raupe, die zuerst oben ankommt, lässt sich angeblich das Wetter des kommenden Winters ablesen.
Warum? Um die Raupenart *Pyrrharctia isabella* zu feiern.

Palio di Siena

Wann? 2. Juli und 16. August
Wo? Siena, Italien
Was? Zehn Reiter liefern sich auf dem Platz vor dem Rathaus auf ungesattelten Pferden ein Rennen über drei Runden.
Warum? Zur Unterhaltung. Die Reiter treten für zehn der insgesamt 17 Stadtteile an.

Drachenbootfest

Wann? Mai oder Juni
Wo? China und chinesische Gemeinschaften
Was? Bootsrennen; Zongzi (gefüllte Klöße aus Klebreis) werden gegessen und auch ins Wasser geworfen.
Warum? Der Legende nach erinnert das Fest an die Suche nach dem chinesischen Dichter Qu Yuan, der sich in einem Fluss ertränkt haben soll. Mit den Zongzi sollen die Fische besänftigt und von Qu Yuan ferngehalten werden.

PARADE! Seite 24–25

La Mercè

Wann? In der Woche um den 24. September
Wo? Barcelona, Spanien
Was? Tanz, Konzerte und artistische Darbietungen, z.B. der Bau von „menschlichen Türmen" oder Menschenpyramiden. Riesige Könige, Königinnen und Adelige aus Pappmaché ziehen durch die Straßen.
Warum? Zu Ehren der Schutzpatronin der Stadt und um die Stadt selbst zu feiern.

Saint Patrick's Day

Wann? 17. März
Wo? Irland und irische Gemeinschaften weltweit
Was? Die Feiernden ziehen sich etwas Grünes an, nehmen an Umzügen teil, singen und tanzen.
Warum? Um den irischen Bischof St. Patrick, den heiligen Patrick, zu ehren. Er gilt als Nationalheiliger und Schutzpatron von Irland.

Almabtrieb oder Alpabzug

Wann? September, Oktober
Wo? Dörfer im Alpenraum
Was? Kühe mit riesigen Glocken und geschmückt mit Blumenkränzen werden von Menschen in traditionellen Trachten von den Bergen ins Tal hinabgeführt.
Warum? Die Kühe ziehen von den Sommerweiden auf den Bergen zu den Winterweiden und Ställen ins Tal.

Fasching, Karneval und Mardi Gras

Wann? Februar oder März
Wo? Auf der ganzen Welt
Was? Umzüge, Prunksitzungen, Tanz, bunte Kostüme ... Berühmte Umzüge finden z.B. in New Orleans (USA) und Rio de Janeiro (Brasilien) statt.
Warum? Um sich vor der Fastenzeit noch einmal so richtig satt zu essen und zu feiern.

Übersetzung aus dem Englischen: Jutta Vogt

Redaktion der deutschen Ausgabe: Claudia Fahlbusch Satz der deutschen Ausgabe: Carolin Günther